CATALOGUE
DE
BONNES
ESTAMPES
ANCIENNES ET MODERNES
PAR DES GRAVEURS A L'EAU-FORTE ET AU BURIN

DE TOUTES LES

ÉCOLES DU XVIᵉ SIÈCLE AU XIXᵉ
DE SUITE DE DESSINS

DE

VIGNETTES
Pour des Ouvrages de nos Auteurs Français

PROVENANT DE LA

COLLECTION DE M. P. D.
CINQUIÈME PARTIE

DONT LA VENTE AUX ENCHÈRES PUBLIQUES AURA LIEU

HOTEL DES VENTES
RUE DROUOT, 5, SALLE Nº 3

Les Lundi 23, Mardi 24 et Mercredi 25 Janvier 1860, à une heure

---

Par le ministère de Mᵉ **DELBERGUE-CORMONT**, Comᵣᵉ-Priseur,
rue de Provence, 8;

Assisté de M. **CLEMENT**, marchand d'Estampes,
rue des Saints-Pères, 3,

CHEZ LESQUELS SE DISTRIBUE LE PRÉSENT CATALOGUE.

EXPOSITION PUBLIQUE
Le Dimanche 22 Janvier 1860, de 1 à 5 heures.

—◦—

PARIS
RENOU ET MAULDE
IMPRIMEURS DE LA COMPAGNIE DES COMMISSAIRES-PRISEURS
rue de Rivoli, 144.

1859

CATALOGUE
DE
BONNES
ESTAMPES
ANCIENNES ET MODERNES
PAR DES GRAVEURS A L'EAU-FORTE ET AU BURIN
DE TOUTES LES
ÉCOLES DU XVIe SIÈCLE AU XIXe
DE SUITE DE DESSINS
DE
VIGNETTES
Pour des Ouvrages de nos Auteurs Français
PROVENANT DE LA
COLLECTION DE M. P. D.
CINQUIÈME PARTIE
DONT LA VENTE AUX ENCHÈRES PUBLIQUES AURA LIEU
HOTEL DES VENTES
RUE DROUOT, 5, SALLE N° 3
Les Lundi 23, Mardi 24 et Mercredi 25 Janvier 1860, à une heure

Par le ministère de Me **DELBERGUE-CORMONT**, Comre-Priseur,
rue de Provence, 8;
Assisté de M. **CLEMENT**, marchand d'Estampes,
rue des Saints-Pères, 3,
CHEZ LESQUELS SE DISTRIBUE LE PRÉSENT CATALOGUE.

EXPOSITION PUBLIQUE
Le Dimanche 22 Janvier 1860, de 1 à 5 heures.

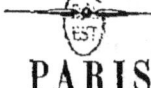

PARIS
RENOU ET MAULDE
IMPRIMEURS DE LA COMPAGNIE DES COMMISSAIRES-PRISEURS
rue de Rivoli, 144.

1859

ORDRE DES VACATIONS

1re le 23 Janvier : N°s 1 à 200.

2e le 24 Janvier : N°s 201 à 400.

3e le 25 Janvier : N°s 401 à 600.

La 6e partie de cette Collection, Peintres et Graveurs italiens et français et Dessins de vues de France, aura lieu en Février prochain.

La 7e Partie, composée de Portraits de Peintres, Sculpteurs et Estampes diverses, Dessins, Recueils, Livres à Figures et sur les Arts, Catalogues, Vie d'Artistes, Mémoires de l'Institut Sciences et Arts, etc., aura lieu en Mars prochain.

CONDITIONS DE LA VENTE.

Elle sera faite au comptant.

Les acquéreurs paieront, en sus des adjudications, cinq pour cent applicables aux frais de vente.

DÉSIGNATION
DES ESTAMPES

1. **Alix.** Charles Boromée, d'ap. Champagne. — 6,50 *Cl.*
2. **Audran** (Gérard). Saint Paul et Saint Barnabé prêchant dans la ville de Lystre, d'après Raphaël. — 2.25 *Danlos*
3. **Audran** (Gérard). Le Débordement du Nil et deux autres pièces, d'ap. Pietre de Cortonne. Épr. avant la lettre.
4. **Audran** (Jean et Benoît). La Suite dite les Petites Batailles d'Alexandre, d'après Ch. Le Brun. 6 pièces. Belles épr. avec marge. — 10 *Cl.*
5. — Les mêmes encadrés. — 8 *Cl.*
6. **Audran** (Benoît). Les Sept Sacrements de N. Poussin. Belles épr. — 2 *Danlos*
7. **Augustin Vénitien.** Une Dame romaine offre son enfant au dieu Priape (336). Pièce libre, elle est rare. — 20 *Cl.*
8. **Baillu.** Réconciliation de Jacob et d'Ésaü, d'apr. P. Rubens. Belle épr. avec l'adresse de *Romboult Van de Velde exc.* Très-belle. — 5.50 *Cl.* Rochoux
9. — Une autre épreuve avec l'adresse d'Huberti. — 1 *Danlos*
10. **Baldini** (attribué à). L'Enfer du Dante; peinture d'Orgagna au Campo Santo de Pise. — 31 *Cl.*
11. **Baptiste** dit **Monnoyer** (Jean). Bouquet de fleurs dans des vases, quatre pièces. — 2
12. **Bartoli** (Pietro-Santi). Adoration des Rois, d'ap. Raphaël. Grande estampe en trois feuilles. — 2.75

6   13 **Bartolozzi**. La Vierge et l'Enfant Jésus, dite la *Vierge au silence*, d'ap. Annibal Carrache. Encadré.

7.50   14 **Bartolozzi** (Fr.). Miss Bingham, d'ap. Reynolds. — La Jolie Brunette, d'ap. Ward. 2 p.
Loiselet

1   15 **Baudet** (Etienne). Diogène, d'ap. le tableau de N. Poussin, au musée du Louvre.
Delaunay

4   16 **Baudet**. Coriolan, d'ap. N. Poussin.
4   17 **Beauvarlet**. La Femme rusée, d'ap. Bega. Belle épr.

2   18 **Bein**. Portrait de Michel-Ange, Judith et David et Goliath, d'ap. Michel-Ange. Pygmalion, d'ap. Girodet. 5 p. avant la lettre.
Loiselet

2.75   19 — Le petit Faiseur de bulles de savon, d'ap. Mieris. Épr. avant la lettre, chine.
Robertson

5.   20 **Beham** (Hans-Sebald). Femme sortant du bain (207).
Van Os

8.50   21 **Berain**. Grand Panneau d'ornement. Épr. avant la lettre.
Rochoux

   22 **Bergeret**. La Vierge faisant lire l'Enfant Jésus, d'ap. Raphaël. Une vignette, 2 p.

3 cl.   23 **Bergh** *aqua forti* (N. Van den). Fr. Van der Linden, d'ap. Rubens. Belle ép.

2 cl.   24 **Belloto** dit **Canaletto** (1747) (Bernard). Perspective de la Galerie et du Jardin du comte de Brulh.

   25 **Bernard**. Berger et son troupeau, 1er état avant des arbres dans le fond. La Nativité, d'ap. Rembrandt. Deux pièces gravées en manière noire.

21   26 **Bessa**. Suite de douze bouquets de fleurs et fruits. Plusieurs exemplaires en noir et coloriés. Cet article sera divisé.

   27 **Bertaux** (Duplessis). Deux eaux-fortes, d'après Berghem.

28 **Betou** (Alexandre). Peinture du Primatice au Palais de Fontainebleau. Douze pièces, belles épr. et rares. — 3.25 Rochoux
29 **Biard le fils** (Pierre). Vénus et les Grâces, d'ap. J. Romain. — 8 cl.
30 **Bié** (Jacques de). Les Neuf Muses. — 1 Rochoux
31 **Blanchard**. La Danse des Muses, d'ap. Jules Romain. — 1.25
32 **Bloemaert** (Corneille). Le Joueur de musette. Deux Vieilles Femmes. Trois pièces d'apr. Abr. Bloemaert. Belles épreuves. — 2.75 Robertson
33 **Bloteling**. Henri Casimir, prince de Nassau. Portrait gravé à la manière noire. Belle épreuve.
34 **Boël** (Coryn). Fête Flamande, d'ap. Teniers. *Fr. Wyngaerde ex.* — 2 Rochoux
35 **Boissieu** (Jean-Jacques de). Le Charlatan, d'ap. Karle Dujardin. Belle et ancienne épreuve. — 5.50 Guichardot
36 **Bolognèse** (Grimaldi, dit le). Paysages, etc. 12 p. — 4 Guichardot
37 **Bolswert** (S. à). La Vierge à l'oiseau, contre-épreuve. Adoration des Rois. Deux pièces d'ap. Rubens. — 7.50
38 — La Vierge, l'Enfant Jésus, Saint Jean et Sainte Anne, d'ap. Rubens.
39 — Fuite en Égypte, d'ap. Rubens. Belle épreuve avec M. V. Eden.
40 **Bonasone** (Jules). Le Cheval de Troye, d'ap. le Primatice. Très-belle épreuve. — 8 Loizelet
41 — Silène, le Jugement de Midas; quatre Termes sur deux feuilles. Quatre pièces. Belles épreuves. — 1 Loizelet
42 **Bonnet**. Tête de jeune Fille, gravé en couleur, d'ap. Boucher. — 1
43 **Bonnington**. Vues à Rouen et à Caen. Huit pièces lithographiées. — 7.50 Robertson

44 **Bosse** (Abraham), Le Graveur, l'Imprimeur, le Sculpteur et le Peintre. Suite de quatre pièces.
45 **Bouchier** ou **Boucher**. Femme Romaine, (R. D., n° 6). Eau forte, rare.
46 **Boulanger**. Vierge et Enfant Jésus ; elle tient des œillets. Jolie estampe, d'ap. Raphaël.
47 **Bourdon** (Sébastien). Vierge et Enfant Jésus. Fuite en Égypte, etc. Trois pièces à l'eau-forte, premier état.
48 **Boyvin** (Rene). Énée sauvant son père Anchise de l'embrasement de Troie (R. D. 17), d'ap. maître Rous. Belle épreuve.
49 — Sainte Famille (R. D., n° 7). Très-belle épr.
50 — Martin Luther, Bucerus, Melanchton, Calvin, J. Hus, Zuinglius, etc. 6 p.
51 **Brebiette** (Pierre). Vierge, Enfant Jésus et plusieurs Saints, d'ap. Paul Véronèse. Une des pièces estimées du maître.
52 **Breem**, 1601 (C. Van). Sujet facétieux, et Justice et Force. Deux pièces, costumes anglais. *Sold by Tho. Janner at the exchange.* 3 p. rares.
53 **Brentel** (Frédéric). Pourtraict de la Chambre du Trépas de feue Son Altesse le duc Charles de Lorraine, troisième du nom. 2 p.
54 **Bresse** (Jean). Hercule et Anthée (14). Danse de quatre femmes (18). 2 p.
55 — Un Cheval blanc. Pièce non décrite par Bartsch.
56 **Brown**. L'Abreuvoir. Paysage d'ap. Rubens. Épr. d'eau-forte.
57 **Bry** (Théodore de). Gaines d'orfèvrerie. 6 p.
58 **Burdet**. L'Amour et Psyché, d'ap. M. Picot. Épreuve avant toute lettre avec autographe de M. Picot.

59 **Buytteneth**, *invent.* (1622). Les Quatre Éléments.

60 **Callot.** La Chasse, le Jeu de boule, les Vues de Paris, titre des Vues de Florence. 5 p. — 2.25 Rochoux

61 **Caquet.** L'Innocence en danger, d'ap. Lawreince. Belle épr. — 6.50 Loiselet

62 **Caraffe**, *inv. et sculp.* Le Remord, ou le Criminel vis-à-vis de lui-même. — 1 Burty

63 **Camaïeux**, par Hugo da Carpi. Coriolan, André Andreani, etc. 13 p. — 20 cl.

64 **Canaletti.** Vue de Venise. — 1.25 Van Os

65 **Cantini.** Sainte Anne, la Vierge, l'Enfant Jésus, d'ap. Léonard de Vinci. — 2.25

66 **Carpioni.** Sainte Famille, premier état. Repos en Égypte, par Procacini. 2 p. à l'eau-forte.

67 **Cars** (Laurent). Femme au bain, d'ap. Lemoine. Épr. avant la lettre. Rare. — 4.75

68 **Cars** (Laurent et I. Fr.). Louis XV; Michel Anguier, d'ap. Rebel, etc. 3 p. — 3.25 Rapilly

69 **Caylus** (comte de). Le Singe sculpteur, d'ap. A. Watteau.

70 **Charlet.** Bonaparte au siège de Saint-Jean-d'Acre. — 1.75

71 **Chauveau.** Hercule et Acheloüs, d'ap. le Guide. — 1.

72 **Cherubin Alberti.** 4 p., dont la Transfiguration. — 1.25

73 **Chaussin** (le chevalier de). L'Enfant Prodigue, d'ap. le dessin de Rembrandt, du cabinet de M. Simon. 2 épr. de deux différents états. — 5 cl.

74 **Cochin** (Ch.-N.). Le Conteur, Au bas huit vers et l'adresse de Gersaint; premier état. Très rare. — 5 Loiselet

75 — La même avec le titre, *le Conteur*, et l'adresse de Chereau, et entièrement recouverte de travaux. — 4.50 Loiselet

76 — Scène champêtre dans un parc, d'ap. A. Watteau. Épr. d'eau-forte. — 2 Loiselet

77 — Le Tailleur pour femme.

78 **Corneille** (1660) (Michel). Le Sacrifice d'Isaac, Paysages, d'ap. A. Carrache, du recueil Jaback, etc. 4 p.

79 **Cosati**. Le Sacrifice d'Abraham, Moïse frappant le rocher. Deux pièces, d'ap. le Pavé de Sienne de Beccafumi.

80 **Couché** (Jean). Les Sabots, d'ap. Lawreince. Belle épr.

81 **Courtois** dit le **Bourguignon** (Jacques). Nº 1 de la suite des huit petites eaux-fortes.

82 **Cousins** (Samuel). Élisabeth, comtesse de Grosvenor, d'ap. Lawrence.

83 — Comte Aberden, d'ap. sir Th. Lawrence. Beau portrait gravé en manière noire.

84 **Cotelle** (1689) (Jean). Titre du premier livre de six feuilles de l'histoire de Vénus dans le cabinet du château de Saint-Cloud. Rare.

85 **Coypel** (Ant.). Démocrite à l'eau-forte, en 1792. — Sujet de Don Quichotte, épr. avant la lettre. Têtes de Satyres. 3 p.

86 **Cumbalch** (Jean de). Ecce Homo. Copie de l'estampe de Martin Schœn.

87 **Dalen Junior** (Corneille). Jean Bocace, d'ap. Titien. Très-belle épr. avec l'adresse de A. Bloteling, *excudit*.

88 — Charles II, roi d'Angleterre, d'ap. Nason. Très-belle épreuve.

89 **Danckert Danckerts**. Berger et Bergère, d'ap. Berghem.

90 **Daugard** inv. et sculp. Auenione, 1744. Chevalier et officier de l'arc de la Compagnie de Monsieur le marquis d'Orsan. Pièce citée par M. Robert-Dumesnil.

91 **Daullé** (1737). Louis XV, roi de France, d'ap. Rigaud. — 4.50 Loiselet

92 **Demarcenay**. Charles VII. Charles IX. La Pucelle d'Orléans. Bayard. L'Hopital. Henri Quatre. Sully et de Thou. Huit portraits, épr. avant la lettre. — 27 Blaisot

93 **Demarne**. Études d'animaux. Scènes champêtres. 8 p. lith. — 2 Robertson

94 **Delaulne** (Étienne). Les Mois de l'année. 12 p., belles épreuves. — 11.50 Rochoux

95 **Deshayes** (Jean). Saint François. Pièce à l'eau-forte.

96 **Desnoyers** (Baron Boucher). La belle Jardinière de Florence, d'ap. Raphaël. Belle épr. — 8.50 Danlos

96 bis — Portrait d'un modèle de Raphaël. Thomas Jefferson, président des États-Unis d'Amérique, an 1801. — Marius à Minturne, etc., deux pièces d'ap. Drouais. Une Étude lith., d'ap. N. Poussin. En tout, 5 p. — 2 Drouot

97 **Desplaces** (Louis). Jésus-Christ lavant les pieds à ses Apôtres, d'ap. Jerosme Mutien. — 1 Danlos

98 **Dorigny** (Nicolas). La Transfiguration, d'ap. Raphaël, et la Descente de Croix, d'ap. Daniel de Volterre. Deux grandes estampes gravées en 1710, premières épreuves avant le mot *eques* avant le nom du graveur. Très-rare. — 14 Blaisot

98 bis. **Drevet**. Ch. Jérome de Cisternay Dufay, d'ap. Rigaud. Belle épr. d'un joli petit portrait. — 1 Ch. pour Pecart

99 **Ducerceau** (Androuet). Deux Arabesques, une Cheminée, vues de Ruines. 6 p. à l'eau-forte. — 4.50 Danlos

100 **Dudot** (René). Sainte Famille, pièce à l'eau-forte, citée par M. Robert Dumesnil. — 1 Guichardot

101 **Duflos**. Jésus-Christ au tombeau, d'ap. le tableau du Pérugin de la galerie d'Orléans. — 3.50 Drouot

— 10 —

102 **Dughet**, dit **Gaspard Poussin**. Paysage, nos 1, 2 et 3.
103 **Dughet** (Jean). Jugement de Salomon, d'ap. N. Poussin.
104 **Dujardin** (Carle). Son œuvre à l'eau-forte en 52 planches.
105 **Dupuis** (Nicolas). Le Camouflet, d'ap. N. Cochin. Belle épr.
106 **Durer** (Albert). La Vierge au papillon (44).
107 — Les trois Sorcières (75). Très-belle épr.
108 — L'Enseigne (87). Belle épr.
109 — Armoirie à la Tête de mort (101). Belle épreuve d'une pièce estimée du maître.
110 — La Vierge à Porte. Pièce très-rare, un coin est restauré.
111 **Dyck** (Ant. Van). Son portrait gravé à l'eau-forte par lui et terminé par Jacques de Neeffs.
112 — Pierre Breughel. *A. V. Dyck aqua forti.*
113 — Erasme de Rotterdam. *A. V. Dyck aqua forti.*
114 **Franck**. *Ant. V. Dyck aqua forti.*
115 — Adam Van Noort. *V. Dyck aqua forti.*
116 — Paul Dupont (Pontius). Première épr. avant la lettre. Elle manque de conservation.
117 — Paul Dupont (Pontius), graveur. *A. V. Dyck aqua forti.*
118 — Juste Suttermans. *Ant. Van Dyck fecit aqua forti.*
119 — François Snyders. Terminé par Jacques de Neeffs.
120 — Lucas Vorsterman. *Ant. Van Dyck fecit aqua forti.* Beau portrait, superbe ép. avec les lettres G. H. et avec toute marge.
121 — Guillaume de Vos. *Van Dyck fecit aqua forti.* Terminé par Bolswert.

122 **Van Dyck** (D'après Antoine). Son portrait gravé par W. Waillant. Le même, aussi par W. Waillant. Deux épr. dont une de la planche rognée. Un autre portrait par Blot. 4 p. — 4.50 Loiselet

123 — Honoré d'Urfé, par P. de Baillie, très belle épr. avec *Jean Meyssens excudit.*

124 — Juste Lipse, Martin Pepyn, Sébastien Vrancx. 3 portraits par S. à Bolswert.

125 — Maria Rvteu, femme de Van Dyck, par S. à Bolswert. — 2 Loiselet

126 — Pierre de Jode, J. Jordaens, C. Poelemburg, Quintin Simon. 4 pièces par P. de Jode. — 2 Loiselet

127 — Paul Halmalius, sénateur; deux épr., une avec G. H. — 3.50 Rochoux

128 — Dom. Tilly, baron de Morbays; Albert, duc de Fritland, deux portraits avec M. V. Eden. 4 p., belles épr. — 10 Cl.

129 **Dyck** (Ant. Van). Anna Wake, Henri Riche, Ferdinand d'Autriche 3 p. par P. Clouwet, Lommelin. — 3 Perrot

130 — Jacob de Breuck; Gérard Honthorst; Pontius Jean de Nassau; Th. Rombouts; Th. Vanloon; Van den Wouwer; J. Wildem. 8 portraits par Pontius, belles épr., un avec l'adresse de M. V. Eden. — 7.50 Rapilly

131 — Charles, duc de Savoie; comte de Papenheim; Artus Wolfart. 3 portraits par C. Galle et Rucholle. — 1.75

132 — Henri du Booys, par C. Visscher. *E. Cooper excudit.* Belles épr. — 2.75 Danlos

133 — Robert Van Voerst; Simon Vouet; Inigo Jones; Ernest Mansfeld. 4 portraits par Van Voerst. — 4

134 — Théodore Galle; Jacob Cachopin. 2 pièces par Vorsterman, très belles épr. avec G. H. — 7.50 Danlos

135 — Nicolas Fabricius de Peirèse, par Vorsterman; belle épr. avec Mart. Van Eden. — 4.75 Cl. pour Pecart

— 12 —

⁴cl. 136 — Nicolas de Rokox, par Vorsterman; épr. sans lettre et sans les médailles sur la table.

2,3 Perrot 137 — Ant. Van Dyck; Deodat del Mont; Charles de Mallery; Judocus de Monper; Mildert; P. Stevens. 7 portraits par Vorsterman.

2 cl.
2 Perrot
4
  138 — Coeberger; Ant. Cornelissen; Van Eyden; Monper; C. Sachleven; C. de Vos; Lucas Van Uden; G. Seghers; Hugenius. 9 portraits par Vorsterman, le dernier d'ap. Livens.

6.50 139 — Comte de Nassau, deux épr., une avec M. V. Eden; Don Carolus de Columna, deux épr. une avec M. V. Eden. 4 portraits par Pontius.

3 cl.
2.50 Robertson
  140 — Le comte d'Arundel; le duc d'Yorck; Charles-Quint et la famille du comte d'Arundel. 7 p.

7.50 Robertson 141 — Portrait de Rubens, gravé par W. Woollett, plus l'eau-forte.

1.75 142 — John Suckling, par Vertue; le comte de Derby et Charlotte de la Trémouille, sa femme; Juste Lips, par Schenck; H. Gentileschi, épr. ay. M. V. Eden. 4 portraits.

15.50
Daulos
  143 **Edelinck** (Gérard). Le Christ aux anges, d'après Le Brun; belle et ancienne épr. encadrée.

18 cl. 144 — Combat des quatre Cavaliers, d'après Léonard de Vinci. Belle épr. avant les points sur la lame du sabre que tient le premier cavalier de gauche.

2.25
Rockoux
  145 — Ferdinand de Pardebon, évêque de Munster. Belle épr. du premier état avant le mot *Typographia*.

1 146 — Fr. Tortebat, peintre, d'ap. De Pilles.

3 cl. 147 — Portrait de N. Poussin, épr. avant le nom d'Edelinck, ajouté postérieurement.

2.50 Perrot 148 — Jean-Charles Parent, d'après Tortebat. Belle épreuve.

— 13 —

[149 — Jacques Davi du Perron, cardinal. Très belle épreuve. — 1 Tronde
[150 — Jean de la Quintinye, d'ap. Delamare Richart. Très belle épr.
151 — Israël Silvestre, graveur, d'ap. Le Brun. Belle épreuve. — 9 Rochoux
152 **Edelinck** (Nicolas). Gérard Edelinck, d'après Tortebat. Belle épr. — 3.25 Loiselet
153 — Deux portraits, d'après Raphaël. Portrait de Nanteuil. 3 pièces. — 3.25 Rapilly
154 **École de Fontainebleau.** Une coupe d'orfévrerie, style Renaissance, gravé par Léon Daven. Très-rare. — 6 Cl.
155 **Eisen** (François). Jésus donnant les clefs à saint Pierre. — 1
156 **Everdingen.** Paysage à l'eau-forte. 5 pièces. — 1
157 **Earlom** (Richard). La Descente de croix d'après le tableau de Rubens à la cathédrale d'Anvers, avec les deux volets, représentant l'un la Visitation, l'autre la Présentation au Temple; ces deux derniers gravés par Young. Trois très-grandes estampes publiées par Boydell. Rare. — 13
158 — Sir Thomas Chaloner, d'ap. Van Dyck. — 1.50
159 — **Fiquet** (Étienne). Crébillon. Épreuve avant les noms. Rare. — 8 Guichardot
160 — Corneille, Montaigne, Descartes, Vadé, et Saugrain. 5 p. Belles épr. — 5 Cl.
161 **Fittler** (J.). Chasse au sanglier; d'ap. Sneyders. La Mort d'Abel, d'après Rubens. 2 p. Épr. av. l. l. Papier de Chine. — 1
162 **Flipart.** Kermesse flamande, d'après le tableau de Rubens au Musée du Louvre. Ép. avant la lettre. Rare. — 4

— 14 —

163 **Fornazeris** (de). Claude Le Brun, âgé de quarante-neuf ans. Rare.

164 **Forster** (M.). Didon racontant ses aventures à Énée, d'après le tableau de P. Guérin. Épr. avant la lettre sur papier de Chine. — Andromaque, d'ap. P. Guérin, gravé par Richomme. Épr. avant la lettre. Pap. de Chine. Cette estampe est le pendant de la précédente.

165 — Saint François, d'ap. de la Hyre. Épr. avant la lettre.

166 **Franco** (Baptiste). Le Frappement du rocher. 1er état avant *Franco Formis*.

167 **Galle** (Corneille). Lipse. Belle épr. d'un beau portrait.

168 **Galle** (Jean). Ferdinand II d'Autriche ; autour de son portrait, les empereurs d'Allemagne qui l'ont précédé. Très-belle épr.

169 **Garnier**. Raphaël et la Fornarine, d'après Picot. Épr. avant la lettre. Pap. de Chine.

170 **Gaultier** (Léonard). Vignettes pour l'Ancien-Testament. 87 pièces. Très-belles épr. Rare.

171 — Le Jugement dernier, d'après Michel-Ange. Épr. avant l'adresse de P. Mariette.

172 — Henri Quatre à cheval. 1609. Au bas, deux lignes. *Praxitelem*, etc. Très-rare.

173 — Henri Quatre à cheval. Très-belle épreuve.

174 — Louis XIII. Anagrammes pronostiques de gloire, etc.

175 — Jeanne d'Albret, mère de Henri IV.

176 — La Reine de Navarre, M. le duc d'Anjou. 2 pièces. *Gourdelle ex.*

177 — Gamache. Belle épr.

178 — Henri de Montmorenci; Henri de Savoie, duc de Nemours; Charles de Lorraine, duc de Guise; Charles de Bourbon-Conti; François de Bourbon, prince de Conti.   25 *Rapilly*

179 **Genoels** (Abraham). Paysages à l'eau-forte. 6 pièces.   4.25 *Rochoux*

180 **Géricault**. Marchand de poisson. Dessiné à la plume. Rare.   4.25

181 **Gmelin**. 1783. La Chute du Rhin à Schaffhouse, et vue à Lauffenbourg. 2 pièces.

182 **Gole** (Jean). Frédéric-Guillaume, électeur de Brandebourg; Élisabeth-Maria, infante de Portugal. 2 p. Belles épr.   1.50

183 **Goltzius** (Jules). Les quatre évangélistes. Suite de quatre pièces, dont deux sont marquées *Jul. Gol.fc. An. Bloc. inue. Han. Lie. excu.*

184 **Gribelin** (Simon). Adoration des Bergers, d'ap. Palme. Hercule entre le Vice et la Vertu, d'ap. Paul Mathey. 2 est. Belles épr.   2.25

185 **Gros**. Un Arabe; un nègre tient son cheval. Lithographie. Rare.   1.75 *Pelletier*

186 **Guérin** (Pierre). La Brouille et le Raccommodement, gravés par Darcis.   4.25

187 — Le Vigilant. 2 ép., une de couleur. Qui trop embrasse mal étreint. 3 pièces.   1.25

188 **Gunst**. Le Prince Eugène de Savoie, d'après Merian.   1.50 *Cl.*

188 bis. **Haas**. Frédéric le grand, roi de Prusse, représenté à cheval, d'ap. L. Wolf.   12 *Cl.*

189 **Hyre** (Laurent de La). Vierge et Enfant Jésus, etc. 3 pièces à l'eau-forte.   2.25

190 **Hollar**. Les quatre Saisons, représentées par des femmes à mi-corps. 4 p. Belles épreuves.   20

— 16 —

7 cl. 191 — L'Arétin, d'après le Titien, 1re épr., avec seulement deux lignes d'écriture.

1 192 — Altorf en Suisse. La ville de Gratz, en Styrie. 2 p.

2 193 **Höpfer**. Christ en croix (14). Belle pièce avant le numéro.

13 cl. 194 **Huret** (Grégoire). Titre de l'ouvrage du *Flambeau du juste*, où est représenté Louis XIII, Richelieu et les personnages les plus marquants de la cour. — Jésus lavant les pieds à ses apôtres. 2 pièces

3 cl. 195 **Houbraken** (Jean). Guillaume, prince d'Orange; Maurice de Nassau; Marie, princesse d'Orange, douairière. 4 pièces. Belles épreuves.

195 bis. — Frédéric III, roi de Prusse, d'ap. Ant. Péne. Belle épr.

1.50 196 — Jean de With, le grand pensionnaire; Louis de Brunswick; Gérard Van Loon, d'ap. Miéris; Jacques Kris, pasteur d'Amsterdam, 1704. Épr. avant la lettre; Charles VII. 2 ép. avec différence. Sept portraits, dont les deux derniers par Tanjé.

1 197 **Huber**. La Vierge, d'après Raphaël. Épr. avant la lettre.

5 cl. 198 **Isabey**. Son œuvre lithographié, composé de portraits, albums, pièces détachées du voyage romantique, explication pour le congrès, vues d'Italie, divers portraits gravés d'après lui, et vue de la Salle d'Exhibition de ses œuvres, faite à Londres, en 1820. En tout 60 pièces.

12 4

2 cl. 199 — Vues du port de Toulon et de Sidi-Feruck, au moment de l'arrivée de l'armée française. 2 grandes vues panoramiques, d'ap. Eugène Isabey. Lith. par Isabey père.

1 200 **Janinet**. Troupe foraine en marche, d'ap. Houel.

201 **Jegher**. Jésus et saint Jean. Rubens *delin. et excudit.* Pièce gravée en bois. — 5.50 *Loiselet*

202 **Jode** (Pierre de). Adoration des Bergers, d'après Jordaens. Très-belle épr. du 1er état, avec l'adresse de Bloteling. — 7.50 *Rochoux*

203 — La Visitation, d'après Rubens. Belle épreuve. — 4.50

204 — Le Moine tenant un perroquet; derrière lui, une femme, d'apr. Jordaens. Très-belle ép. — 2.50

205 — Henri de Nassau, d'ap. Van Hulle, et Maurice de Nassau, d'ap. Gérard Van Hondt-horst. 2 p. Belles épr. — 2.50 *Cl.*

206 **Josi**. Thadeo Kociusko, général en chef des armées polonaises, d'après Grafft.

207 **Joullain** (Fr.). Charles Rivière du Fresny, d'après Ch. Coypel. Le même portrait plus en petit de sens contraire; il est avant la lettre. — 1.50 *Rochoux*

208 **Lagrenée**. La Charité romaine; jeunes Faunes, etc. 4 pièces à l'eau-forte et au lavis. — 2.50 *Rochoux*

209 **Landseer** (Thomas). Caractère de divers animaux. Un cahier, 1830. 8 planches à l'eau-forte. — 2.75 *Burty*

210 **Langlois** (P. G.). Marmontel. Épr. av. l. l. Pap. de Chine. — 1.25 *Mar.*

211 **Lasinio**. Peintures de Massacio et autres à Florence. 4 pièces encadrées. — 4

212 **Larmessin** (Nicolas). Raphaël et son maître d'armes, d'après Raphaël. Belle épr. — 1.75

213 Saint George; saint Michel, par Claude Du Flos. 2 pièces, d'ap. Raphaël. — 1.75

214 — Portrait de Carondelet, d'ap. Raphaël, et celui du cardinal Polus, d'ap. Sébastien del Piombo. 2 pièces. Belles épr. — 3 *Cl.*

X 215 **Lasne** (Michel). Titre des nouvelles chansons de Gautier Garguilles, et où il est représenté sur la scène. Paris, chez François Targa... 1632. Ce titre est très-rare. — 22 *Loiselet*

— 18 —

24 Cl. 216 — Louis XIII à cheval. Dans le fond, une bataille au pont de Cé. Belle épr. Rare.

2.50 Cl. 217 — Gaston de Foix, d'après Raphaël. Très-belle épreuve.

16 Cl. 218 — Éverard Jabach, grand curieux de dessins. Dessiné et gravé en 1652. Rare.

5 Loiselet 219 **Launay** (N. de). L'Heureux moment, d'après Lawrence. Belle ép.

20 Cl. 220 — La même, à l'eau-forte.

4 Marmontel 221 **Launay le jeune** (N. de). Les Soins mérités, d'ap. Lawrence. Belle épr.

11 Cl. 222 **LeBas** (J.-Ph.). Repas italien, gravé d'ap. un tableau de N. Lancret, du cabinet du duc de Valentinois. Très-belle épreuve.

1.25 223 Village hollandais, d'ap. Jean Breughel. Avant l. l. Le Marché à faire, d'après Teniers.

6 Rochoux 224 **Leclerc** (Sébastien). Portrait de Leclerc, par Duflos ; Passage du Granique ; Bataille d'Arbelle. 2 pièces avant la lettre ; l'Académie des sciences. Ép. avant le mot : *chevalier romain*, et la copie avant la lettre. — Ecce Homo. Épr. avant la lettre ; le Miracle des pains, 7 pièces.

1 Burty 225 **Le Lorrain.** 1744. Aman sacrifiant aux idoles, d'ap. De Troye. Pièce à l'eau-forte.

1 226 **Lenfant** (Jean). 1664. Guillaume de Nesmond. Belle épr.

5.50 Cl. 227 **Lepicié.** 1730. Le Précepteur, d'après le tableau au pastel du cabinet du comte de Morville. Belle épr.

4.50 Rochoux 228 — L'Amour de ville, ou l'Amour coquet. Lepicié, 1732, d'ap. Ch. Coypel. 1731. Belle épr.

2.50 229 — Jupiter et Junon ; Jupiter et Io. 2 p., d'ap. Jules Romain.

1.25 Rochoux 230 **Le Roy.** Le Révérend Père Pousa. Épr. avant toute lettre, non cité dans le père Lelong.

231. **Leu** (Thomas de). Louise de Lorraine, douairière de France; François de Bonne de Lesdiguière. 2 pièces. — 8.50 *Rochoux*

232. **Lignon** (Frédéric). Louis-Philippe Ier, roi des Français, d'après Dupré. Épr. avant toute lettre. — 2.25

233. **Livry, abbé de Sainte-Colombe** (Nicolas de). Deux paysages à l'eau-forte, et portrait de l'abbé de Sainte-Colombe, d'ap. Tocqué, par Massard. — 3.75 *Loiselet*

234. **Lombart** (Pierre). Le Songe de saint Joseph, d'ap. Champagne.

235. — Lafont, dit le Gazetier d'Amsterdam, d'après Gascard. Belle épr. — 1 *Perrot*

236. **Lommelin**. Adoration des Rois, d'après P. P. Rubens. Belle épreuve. — 3

237. **Londonio**. Étude de figures et d'animaux. 4 p. Épr. avant les numéros. — 2 / 3.

238. **Loys**. La Pompe funèbre de Crispin, inventé et gravé à l'eau-forte. Pièce rare. — 10 *Rochoux*

239. **Lucas de Leyde**, 1513. Adoration des Mages. Grande et belle pièce du maître. — 19 *Cl.*

239 bis. — La Copie en contre partie, par Muller. — 1.75 *Danlos*

240. — Les Vertus. Belles épreuves. Suite de sept pièces. (Manque une.) — 14 *Cl.*

241. — Histoire de Joseph. — *Loiselet*

242. **Mallery** (Charles de). Henri IV à cheval. 1599. Louis XIII à cheval. 2 pièces. — 9 *Cl.*

243. **Mantaigne**. Flagellation (1), fragment, et la copie, par un vieux maître. — 8 *Cl.*

244. — (D'après). La Descente aux Limbes; Martyre de saint Jacques, apôtre; Allégorie. 3 pièces. — 1 *Drouard*

245. **Mantuan** (George). Le Cimetierre (71). Grande pièce. On lit au bas : *Romæ*. — 9.50

246. — Le Perfide Sinon, d'après J. B. Mantuan. — *Rapilly*

247 **Mantuan** (George Ghisi dit). La Visitation, d'après Salviati. Belle épr.

248 — Psyché et l'Amour, avant la draperie. Plafonds à Fontainebleau, d'ap. le Primatice, n° 37 et la copie, 38 la copie et (39) l'original. 5 pièces.

249 — Les Angles de la chapelle Sixtine. 6 pièces. 1 vol. in-fol., demi-rel.

250 **Marc-Antoine Raimondi**. Triomphe de Trajan (361). Belle épreuve.

251 — L'Envie (392). Muses. 270. 277. 4 pièces. Anc. épr.

252 **Massard** (Raphaël-Urbain). Les Sabines et Léonidas, d'après David; le Léonidas gravé par Laugier. Belles épr. avant la lettre. Papier de Chine; elles sont encadrées.

253 — Hippocrate refusant les présents d'Artaxercès. Épreuve avant la lettre.

254 **Massard** (Jean). Érigone, d'ap. Miéris. Épr. avant la lettre.

255 **Masson** (Antoine). Louis XIV, d'après Le Brun, Belle épr.

256 — Lefèvre d'Ormesson. Belle épr.

257 — Antoine Turgot. Belle épr.

258 — Alexandre Du Puy, d'après De Sève. Belle épr.

259 — Frédéric-Guillaume, électeur de Brandebourg. Belle épr.

260 **Massé**. Apollon et Daphné, d'ap. N. Poussin. Épr. avant la lettre.

261 **Matham**. Sainte Famille. Épr. avant la lettre. Du cabinet Rheinst.

262 **Mauperché** (Henri). Repos en Égypte (22), Paysage (26), et un Paysage, par Manglard, avant le numéro. 3 pièces à l'eau-forte.

263 **Mecou**. L.-J. Bourdois, médecin des enfants de France, d'après Isabey. *4 Cl.*
264 **Mellan**. Magdeleine couchée; Frontispice du Virgile. 2 p. *3 Rapilly*
265 **Merian**. Vue des villes de Bâle, Berne, Lucerne, Lausanne. 4 p.
266 **Meyer** (Théodore). 1600. Suite de portraits des pasteurs et ministres du culte réformé, en 1600. 20 pièces gravées à l'eau-forte. *13 Loiselet*
267 **Millet** (Francisque). Les Voyageurs, gravés à l'eau-forte, par Millet. Belle épr. d'une pièce très-rare.
268 **Moles** (P.-P.). Chasse au crocodile, d'après Boucher. Épr. avant la lettre. *28 Cl.*
269 **Moreau le jeune**. La Cathédrale d'Orléans, d'ap. Trouard. *3.50 Marmontel*
270 **Moreau** (Louis). Deux Paysages à l'eau-forte. *1*
271 **Morghen** (Raphaël). La Justice, la Philosophie, et la Théologie. 4 pièces d'après Raphaël. Très-belles épreuves avec toute leur marge. *30 Cl.*
272 — Le Sacrifice de la messe à Bolsène, d'après la fresque de Raphaël au Vatican. Belle épr. *13.50 Santos*
273 — Le Tombeau du pape Clément XIII, d'après Canova. Belle épreuve; la lettre blanche. *3 Cl.*
274 — Filangieri; Dominique Volpato; Marie-Louise, infante d'Espagne; Ant. Canova. 5 pièces. *3.75 Rapilly*
275 **Morin** (Jean). De Villemonté. *11 Cl. pour Picart*
    — Duverger de Hauranne. *5 Rapilly*
    — Comte d'Harcourt. *8 Rochoux*
    — Nicolas de Nets. *18 Cl. pour Picart*
    — Pierre Berthier. Ce portrait et les quatre qui précèdent, d'ap. Champagne. *2.50 Guichardot*
    — Honorine Grimberge, comtesse de Bossu. *15. Cl.*
    — Philippe IV, d'après Titien. *15.50*
    — Grégoire Tarisse, d'ap. F. Donstan. *11 Cl. pour Picart*
    Cet article sera divisé par portraits.

— 22 —

276 — Ruines, d'après Poelembourg ; Paysage, d'ap. Fouquières ; un Hiver, par Montaigne. 3 pièces.

277 **Muller** (Jean). Loth et ses filles. Belle épr.

278 **Muller** (Frédéric). Saint Jean l'évangéliste, d'ap. le Dominiquin. Encadré.

279 **Muller** (Henri). La Grèce, d'ap. Girodet. Ép. av. l. l. Chine.

280 **Nanteuil**. 1660. J.-B. Colbert, d'après Champagne. Très-belle épr. d'un beau portrait.

281 — Turenne, maréchal de France. Au coin de l'ovale, quatre tours. Belle épreuve d'un beau portrait.

282 — Marie-Jeanne, duchesse de Savoie, d'après Laurent du Sour. Très-belle épr. du 1er état.

283 — Charles de la Porte de La Meilleraye, maréchal de France, d'ap. Juste. Belle épr.

284 — Jacques Le Coigneux, grand président au Parlement, d'ap. Beaubrun.

285 — Michel Le Tellier, d'après Champagne. Belle épr.

286 — Philypeaux de la Vrillière. 1662. Belle épr.

287 — Alexandre de Sève. 1662. Belle épr.

288 — Lamotte Levayer. 1661. Belle épr.

289 — Jean Chapelain. Belle épr. du 1er état.

290 — Van Steenberghen, dit l'avocat de Hollande, d'ap. Duchastel. Belle ép. du 2e état.

291 — Christine, reine de Suède, d'après S. Bourdon. 2 épr., une du 1er état. Rare.

292 **Natalis** (Louis-Michel). Sainte Famille, d'ap. Raphaël. Belle épreuve.

293 **Norblin**. Son œuvre à l'eau-forte, à l'imitation de Rembrandt, en 91 pièces sur 18 feuilles, dans un carton.

294 **Ostade** (Adr. Van). Le Savetier. Belle épr. avant les feuilles de vigne prolongées sur le toit, à droite. — *17 Guichardot*

295 — Petites têtes d'homme et de femme. 1er état avant le trait carré. Le Charcutier et la contre-épreuve, et six autres pièces anciennes épreuves. 10 pièces. — *30 Rochoux*

296 — Son œuvre en 52 pl. à l'eau-forte et le portrait d'Ostade, en manière noire. — *27 Rochoux*

297 — Sept pièces, par et d'après Ad. Van Ostade. — *7.50 Guichardot*

298 **Oppenort** inv. et del. Frontispice de livre, gravé par Cochin. — *1.50 Loiselet*

299 **Ossemberg**. La Chienne et ses petits. — *1.25*

300 **Ozanne l'aîné**. Embarquement au port de Brest ; Construction des bassins de Pontaniou au port de Brest. 2 pièces.

301 **Perelle**. Paysages. Neuf pièces : six sont avant la lettre. — *7 Burty*

302 **Pesne** (Jean). Nicolas Poussin, d'apr. lui-même. Belle épreuve avant l'adresse d'Audran. — *10 Blaisot*

303 — Hercule portant le monde, gravé d'ap. N. Poussin. Epr. avant la lettre. Un des travaux d'Hercule. Pièce inédite dans le goût de Pesne. — *1.50 Rochoux*

304 **Pigeot**. La Transfiguration, d'apr. Raphaël. Epr d'artiste avant la lettre. — *1.50*

305 — Le Couronnement de l'Empereur, d'ap. L. David. Epreuve d'artiste avant la lettre. — *1.50*

306 **Picart** (Bernard). Portraits de femme, d'après Santerre : Charles II, roi d'Angleterre, et Hortense de Mancini, duchesse de Mazarin. Joli petit portrait. 3 p. — *8.50 Pelletier*

307 **Pitau** (Nicolas). La Résurrection : Jésus et les Apôtres. Belles épr. ; jolies petites pièces.

— 24 —

308 **Po** (Del). La Crèche, d'ap. N. Poussin, sans nom de peintre ni de graveur, Saint Jérôme, d'ap. le Dominiquin.

309 **Poilly** (François). L'Adoration des bergers, d'ap. le tableau du Guide, de la galerie de Saint-Pétersbourg, Belle épr., avec marge, d'une charmante estampe de Poilly.

310 — La Vision d'Ezechiel, d'ap. Raphaël.

311 — Vierge et Enfant Jésus, d'ap. Stella. Belle épr.

312 — Louise de Prie, femme de La Mothe Houdancourt, maréchal de France en 1650. Belle épr. avant la lettre. Rare.

313 — Louis XIV, d'ap. Nocret. Belle épr.

314 — **Poilly** (Nicolas de). Renier Potier, duc de Tresme, d'ap. Lefebvre. Très-belle épr.

315 **Ponce**. Les Cueilleurs de cerises et pendant. Deux estampes d'après les tableaux peints en gouache par Beaudouin. Belles épr. avant la lettre, avec grande marge.

316 **Pontius** (Paul). Susanne, d'ap. Rubens. Belle épr.

317 Adoration des bergers. Très-belle épr. *G. H. ex.*

318 — Tête de Jésus-Christ, d'ap. Rubens.

319 — Christ en croix, d'ap. Rubens. 1631. Des démons qui se battent à l'entour de la Croix ont fait donner à cette estampe le nom de Christ aux coups de poing.

320 — La Flagellation, d'ap. Rubens. Belle épr.

321 — Thomiris, d'ap. Rubens. Belle épr. d'une pièce capitale du maître.

322 — Isabelle-Claire-Eugénie, infante d'Espagne, d'ap. Rubens.

323 — Ambroise Capellus, évêque d'Anvers, d'après Diepenbecke. Très-belle épr.

324 — Wladislas-Sigismond de Pologne, duc de Moscou, d'ap. Rubens.

325 **Porporati**. Paris et OEnone, d'ap. Adrien van der Weff. Tableau du cabinet du roi de Sardaigne; estampe gravée en manière noire. Rare.

326 **Potter** (Paul), 1644. Le Berger.

327 **Poussin** (Nicolas). Jeux d'enfants. Sans nom de graveur. Seulement *Pierre Mariette ex*.

328 **Prud'hon**. La Famille malheureuse. Epreuve retouchée. La Soif de l'or et portrait de l'impératrice Joséphine. 3 ps.

329 — Sept grandes vignettes pour Daphnis et Chloë et autres. Epr. avant la lettre; les noms à la pointe.

330 **Ribault** (J.-F.), 1812. Lafontaine, d'ap. Rigaud. Epr. lettre grise; gr. in-8. 7 épr.

331 **Ribera** dit **l'Espagnolet**. Saint Jérôme (4). 1er état non décrit avant les lettres *F. V. W.* Très-belle épr.

332 **Richomme** (Théodore). Le Camoëns couronné, d'ap. Gérard. Épr. avant la lettre.

333 **Rembrandt** (Paul). Rembrandt appuyé (21). Ce portrait est le plus beau de tous les portraits de Rembrandt faits par lui-même. Belle épr., mais rognée, plus la copie en contre-partie.

334 — Abraham caressant Isaac (33). Abraham avec son fils Isaac (34). 2 ps., belles épr.

335 — Le Triomphe de Mardochée (40). Belle épr.

336 — Circoncision (48). Autre (51). Sainte Famille (62). Jésus chez les docteurs (66). 4 ps.; belles épr.

337 — Jésus au milieu des docteurs (64). Même sujet (65). Cabinet Poggi.

338 — Jésus prêchant ou la Petite tombe (67).

339 — Vendeurs chassés du Temple (69). Denier de César (68). 2 ps.; belles épr.

340 — Joseph racontant ses songes (37). David priant Dieu (41). Tobie le père aveugle (42). Jésus dans le jardin des Oliviers (75). Martyre de saint Etienne (97). 5 ps.; belles épr.

341 — Agar renvoyée par Abraham (32). Joseph et Putiphar (39). L'ange disparaît devant la famille Tobie (43). Epr. avant les travaux, au coin à gauche. Circoncision (48). Fuite en Égypte (53). Jésus en croix entre les larons (79). 6 ps.; belles épreuves.

342 — La Pièce aux cent florins (74). Belle épr. du 2ᵉ état, de Bartsch ; le cintre de la voûte disparu.

343 — Le bon Samaritain (90). Belle épr. du 2ᵉ état, avec la copie, par Savry, avant le nom.

344 — Saint Jérôme. Nos 100, 101 et 102. 3 ps.

345 — Le Dessinateur. Paysage.

346 — Ephraïm Bonus, médecin juif, dit *le Juif à la rampe* (278). Belle épr. d'un beau portrait de Rembrandt. Il est rare.

347 — (D'ap.). Copie du Bourgmestre Six, de l'*Ecce Homo*. Epr. avant la lettre. Deux autres pièces.

348 — Renier Anslo. Copie très-trompeuse par Savry.

349 **Restout** fils. Le Retour du Parlement. Louis XVI, appuyé sur la Vertu, relève la Justice, qui ramène la félicité publique. Saint Barthelemy de 1791. Deux pièces à l'eau-forte, avec autographe : *de Restout fils, inv. et scul*.

350 **Reynolds**. Une mère et son enfant. Manière noire, coloriée ; elle est encadrée.

351 **Robert** (Léopold). L'Improvisateur napolitain; Brigand napolitain, une Suissesse, la Prédiction, Environs de Rome. Cinq pièces lithogr. par L. Robert.

352 **Romanet** (A. L.). La Vierge et l'Enfant Jésus, d'ap. Raphaël. Epr. avant la lettre. — 1.25

353 **Roullet** (Louis). Vierge et Enfant Jésus. d'après Annibal Carrache, de Poilly *excudit*. Belle épr. — 1.25

354 **Roullet** (Jean). Cardinal Raponus, créé pape sous le nom d'Alexandre VII, en 1664. Belle épr.

355 **Rubens.** Jésus donnant les clefs à saint Pierre. Sans nom de graveur. Belle épr., avec *M. V. Eden excudit*. — 2.75

356 **Sadeler** (Jean), 1598. L'Annonce au berger et Jésus chez Marthe et chez Marie. Deux pièces d'ap. le Bassan. Belles épr. — 1

357 **Saenredam**, 1594. Les Enfants de Niobé. Grande frise en huit morceaux, de l'invention de Polydore et dessiné par H. Goltzius. Superbe épr. — 6

358 **Saint-Aubin** (Augustin de). La France rend grâce à Esculape de la guérison de monseigneur le Dauphin. Gravé à l'eau-forte. 1758. Pièce rare. — 11 *Burty*

359 **Salvador.** Le fils de Rubens et le frère de Rubens. 2 ps. — 1.25 *Danlos*

360 **Savart.** Rabelais, le cardinal de Bernis, Montesquieu et Dalembert. 4 ps avant la lettre. — 88 *Blaisot*

361 — Catinat, Richelieu, Bayle et Labruyère. Quatre portraits avant la lettre.

362 **Savry** (Salomon). Van Campen et Wybma. Deux portraits hollandais. — 1

363 **Scharp** (William). Mort héroïque du capitaine espagnol don Joseph Barboza à la sortie faite par la garnison de Gibraltard, le 27 novembre 1781. Cette belle estampe est gravée d'après le tableau peint par le colonel Trumbull. Belle épr. avant la lettre. — 32 *Loiselet*

— Bataille de Bunker's Hill, près Boston, le 17 juin 1775; mort du général américain Warren. Gravé par J.-G. Muller, d'apr. le tableau du colonel Trumbull.

— Mort du général Montgomery devant Québec, en décembre 1775. Gravé par Clémens, d'après le colonel Trumbull.

364 — Sainte Famille, d'ap. Reynolds. Charmante estampe.

365 **Schenck** (Pierre). René Descartes.

366 **Schuppen** (P. Van). Martin de Barcos, d'après Champagne. Belle épr.

366 bis. — Louis XIV, d'ap. Waillant. Belle épr.

— Hedwigis Eléonora, reine de Suède.

367 **Silvestre** (Fr.)., *inv. fec.* Le Sacrifice d'Isaac.

368 **Silvestre** (Suzanne). Charles de Maillery, graveur ; Fr. de Montcade, d'ap. Van Dyck. 2 ps.

369 **Smith** (Jean). Anne, reine d'Angleterre, d'ap. Kneller. Très-belle épr.

370 — Miss Ann Warner, d'ap. Largillierre.

371 — La duchesse de Graston, d'ap. Kneller.

372 — Duchesse de Cleaveland. Deux portraits d'apr. Kneller.

373 **Sompel** (Van). La femme de Ferdinand II, empereur d'Allemagne. *Soutman effigiavit.*

374 **Sornique.** Diane endormie, d'ap. Corrége.

375 **Soutman** *effigiavit*, 1642. Chasse au sanglier. Très-belle épr.

376 — *effigiavit*, 1642. Le Jugement dernier, d'après Rubens. Belle épr.

377 **Steinla** (Maurice), 1830. Christ descendu de la croix, d'ap. Fra Bartholomeo.

378 **Strange** (Robert). L'Annonciation, d'ap. le tableau du Guide au musée du Louvre, et Apothéose d'Octave et Alfred, princes d'Angleterre, d'apr. B. West, en 1787. Deux estampes ; épr. avant la lettre et avec toute leur marge. Rare.

379 — *Parce somnum rumpere.* D'après C. Maratte. Belle épr. — 3.25

380 **Surrugue** (Louis). Saint Jérôme, d'apr. Balthazard de Sienne; saint Paul prêchant l'Evangile; épr. avant la lettre. Iphigénie, d'apr. le Tasse, etc. 4 ps. — 1

381 **Sueback**. Croquis à l'eau-forte et au trait. 27 ps. — 1.50

382 **Suyderhoeff** (Jonas). Vierge et Enfant Jésus, d'ap. Rubens. Belle épr. — 13 Loiselet

383 — Une femme à laquelle un homme va verser à boire, d'ap. A. V. Ostade. Belle épr., avec l'adresse de Clément de Jonghe. — 2 Rapilly

384 Philippe Ier, duc de Bourgogne. *Soutman effigiavit.* Belle épr. — 8 Loiselet

385 — François de Montcade, Van Dyck *pinxit*. P. *Soutman effigiavit.* Belle épr.

386 — Charles le Téméraire, duc de Bourgogne. P. *Soutman effigiavit.* Très-belle épr.

387 — Marie, femme de Maximilien, empereur d'Allemagne. P. *Soutman effigiavit.* Très-belle épr. — 3 Cl.

388 — Jean, comte de Nassau. Van Dyck *pinxit*. P. *Soutman effigiavit.* Belle épr. — 2 Loiselet

389 **Tanjé** (P.), 1739. François Rabelais. Très-belle épr. — 4.50 Anos.?

390 **Tardieu** (Nicolas). Prise de Carthage. Coriolan. Scipion. L'enlèvement des Sabines et la Paix entre les Romains et les Sabins. Ces derniers sujets gravés par Simonneau. Six pièces d'après Jules Romain. — 1

391 **Tardieu** (Alexandre). Ruth et Booz, d'ap. M. Hersent. Epr. avant la lettre. — 5.50

392 **Teste** (Pietre). Enfant prodigue, etc. 4 ps. — 1

— 30 —

[margin annotations: 3 Robertson; 3 Cl.; 5.50 Cl.; 2.75 Rapilly; 1. 15 Rochoux; 8; 1.25; 3.; 1. Drommond; 1.; 2.75; 3.; 12 Cl.; 15 Cl.; 10.50]

393 **Thew** (Robert). Scènes de la tragédie d'*Henri VIII*, de Shakespeare, d'ap. Westall. Deux estampes : une est avant la lettre.

394 **Trière** (Ph.). Le Lever de la mariée, d'ap. Dugoure. Cette estampe fait le pendant du Coucher de la Mariée, de Baudouin.

394 bis. — L'eau-forte de la même estampe.

395 **Trouvain**, 1698. Jean Pesne, d'après lui-même. Belle épreuve avec l'adresse de *Mortain*.

396 — Vierge et Enfant Jésus, d'ap. C. Maratte.

397 **Velde** (Adrien Van den). Le Berger et la Bergère.

398 **Vertue** (George). La famille du comte d'Arondel, peinte par Fruictiers, d'ap. la composition de Van Dyck.

399 **Vienot** *fecit*. Saint François.

400 **Vibert**, 1825. La Leçon de basse, d'après Netscher. Epr. avant la lettre.

401 **Villot** (Frédéric), 1837. Christ mort, gravé à l'eau-forte, d'ap. Eug. Delacroix.

402 **Vincent** (Henri), 1686. L'église de Notre-Dame-de Lorette. 5 ps.

403 **Visscher** (Corneille). Le Départ pour la chasse, d'ap. le tableau de Pierre de Lair, de la collect. de Walker de Londres. *E. Cooper ex.*

404 Trois buveurs, d'après Adrien Van Ostade. Belle épr. avec l'adresse de *Clément de Jonghe*.

405 **Volpato**. Martyre de saint André, d'ap. le Guide. Epr. avant la lettre. Rare.

406 — La Dispute du Saint-Sacrement, d'ap. Raphaël.

407 — Héliodore chassé du temple, d'apr. Raphaël. Epr. avant la lettre.

408 — Christ porté au tombeau, d'ap. Raphaël, dit le Christ de la villa Borghèse.

409 **Vorsterman.** Fuite en Egypte, d'ap. Rubens. Belle épr. — 2.50 Rochoux

410 — Vierge et Enfant Jésus; autre Vierge avec l'Enfant Jésus ; *Quelinus excudit.* Deux pièces d'après Rubens. Belle épr. — 1.50 Rochoux

411 — Job sur le fumier, d'ap. Rubens. Belle épr. — 2.50 Perrot

412 — Picolomini d'Aragon, d'ap. Seghers.

413 **Voyez** l'aîné. La Visite inattendue, d'ap. Frendenberg. Belle épr. — 4.50 Pelletier

414 **Weert** (Jean de). Loise de Budos, femme de M. le Conestable, à l'âge de vingt et un ans. Belle épr. — 8.50 Rochoux

415 **Wille.** La Cuisinière hollandaise, d'ap. Metzu. Epr. avant la lettre ; elle est mal conservée. — 3.25

416 — Fragment de l'Instruction paternelle ; c'est celui où est la jeune fille en robe de satin. Epr. avant toute lettre. — 2

417 — Les bons Amis, d'après Adrien Van Ostade. Belle épr. — 5.50 Robertson

418 **Witdoeck** (Jo.). Sainte Famille, d'après Rubens. Belle épr. Vierge et Enfant Jésus, d'ap. Rubens. 2 ps. — 2-75

419 **Woeriot** (Pierre). Phalaris renfermé dans un taureau ardent. Bernard Sabellus à l'âge de vingt-six ans. 2 ps. — 2.50

420 **Woollett** (William). Les Paysans joyeux et la Chaumière. Deux pièces d'après C. du Sart. Belles épr.; elles sont encadrées. — 25 Cl.

421 — La Campagne de Cicéron et la Solitude. Deux pièces d'ap. Vilson. Très-belles épr. encadrées. — 23 Cl.

422 **Woollett** (William). Le Grand-Pont, d'après Claude le Lorrain ; l'Adoration du veau d'or, d'ap. Claude le Lorrain, par Lerpinière ; Danse des Bergers, d'après Berghem, par Midimman ; Apollon et la Sibylle, d'ap. Salvator Rosa, par Brown. De ces quatre estampes les trois dernières sont avant la lettre ; elles sont encadrées. — 44 Cl.

423 — **Zucchi** de Venise (François), *del. et sculpsit.* P. Bembo, cardinal; César Baron, à l'eau-forte; à droite les initiales F. P. S. Deux pièces.

424 **Zuccarelli** (Fr.). La Madone au sac, d'après André del Sarte.

ESTAMPES DIVERSES

Des Écoles Italienne, Allemande, Flamande, Hollandaise et Française.

425 **Anonyme français.** Christ en croix et Christ qu'un ange dépose de la croix. 2 pièces sans aucuns noms.

426 — Scène du Théâtre-Italien, gravé en bois; au bas 12 vers en français.

426 bis. Anonymes français. 9 pièces sans noms de peintre ni de graveur.

427 **École française.** Darius faisant ouvrir le tombeau de Nitocris, reine des Babyloniens; Sainte Famille. 2 pièces, d'après E. Lesueur.

428 — Pierre Puget, Rabel, duc d'Épernon, Franconville, Le Paultre, Mignard, et autres artistes français. 21 pièces.

429 — N. Poussin, Dorigny, Blanchard, Daret, Beaugin, Ph. Neri, d'après J. Stella, par Sas, etc. 23 pièces.

430 — Santerre, Oudry, Hutin, Saly, Denis d'Arles, Saint-André, Rousseau, Cheron, Benoist, Daubigny, Lantara, etc. 19 pièces.

431 — Huit pièces gravées, par R. Boissart, Jean Daret d'Aix, Bignon, Dorigny, etc.

— 33 —

432 — Vingt pièces, gravées par Tortebat, Scalberge, Robert de Sery, Jean Prou, Pesne, Massé, Loir, Focus, Goyrand, Lefèvre, Gasnière, Ferdinand, etc. — 5.50

433 — Dix-sept pièces gravées par Chometon, Baillie, Pérignon, Parocel, Simmoneau, N. Tardieu, Poisson, Louterbourg, Papillon, etc. — 7 cl.

434 — Sept pièces gravées par Thienon, Tremolière, Van den Burg, Wille, Vallée, etc. — 2.50

435 — **École française moderne.** Cinq pièces d'après Ingres, Gérard, dont le portrait de Canova; Steuben, Scheffer, etc. — 3.25

436 **École française.** Dupré, Fleury, Géricault, Delacroix, etc. 21 pièces. — 1.75

437 — P. Guerin, Coigniet et Joyant. 5 pièces. — 1.50

438 — Roqueplan, Dupré, Delorme, Diaz, Leleux, etc. 32 pièces. — 3.50

439 — Vingt-neuf pièces, d'après David, Girodet, Gérard, Bonnington, etc. 29 pièces. — 6.50

440 — Dix pièces gravées par Girardet, J. Godefroy, La Bouchère, Lebas, Massard, etc. — 3

441 — Quinze pièces, Demarne, Duval Le Camus, Oscar Guet, Taunay, etc. 15 pièces. — 2.25

442 — Paysages, marines, études de petites figures, animaux, scènes champêtres, etc.; gravées à l'eau-forte par Berthault, Blery, Collignon, Dessain, Fielding, Huet, Hervier, Guerdet, Justes, Jacques, Gudin, Marvy, Mozin, Pennautier, etc., publiés par Curmer, Gihaut, Avenin, Picot, etc., 280 pièces, dont des doubles avec différences d'états. Cet article formera neuf lots. — 4.25 / 11 3.25 / 5.50 / 14 1.50 / 10.50 / 3

443 — Scènes militaires, charges, caricatures, etc. 50 pièces lithographiées, par Charlet. — 9.50

3

— 34 —

6   444 — Sujets divers, 27 pièces lithographiées, par M. H. Vernet; 7 chiens et caricatures, par C. Vernet, et 6 pièces gravées, d'ap. M. H. Vernet. En tout 40 pièces.

13 445 — Caricatures, scènes militaires et sujets divers, etc. 85 pièces lithographiées, par Bellangé, Raffet et autres.

2.25 446 — Croquis à l'eau-forte, par Hervier, et vues coloriées. 13 pièces.

4.75 447 — Études de paysages, marines, intérieurs, vues de France, d'Italie et d'Espagne, etc. 120 pièces lithographiées par des artistes français de 1820 à 1840.

10.50 448 — Sujets divers lithographiés par des artistes français, de 1820 à 1840. 125 pièces.

6   449 **École anglaise.** Vingt-sept vignettes et vues d'Angleterre, par divers graveurs.

5   450 — Deux vues coloriées de la chute du Niagara, encadrées.

21 Cl. 451 — Deux vues de Londres, coloriées et encadrées.

2.25 452 **Anonymes italiens.** 1550. 7 p.

5.50 453 **École italienne.** Statue de Marc-Aurèle; le frappement du Rocher, les Sibylles, atelier de Baccio Bandinelli, 2e état, avec le nom de Vico sur le livre, mais avant Gaspard Alberti. Autres pièces par Salvator Rosa, Martin Rota, etc. 13 p.

3 Danlos 454 Sibylles et Prophètes d'après Michel-Ange. Sept pièces par Piroli.

11 455 Douze pièces d'ap. Jules Romain, Palma, Titien, C. Maratte, Vélasquez, Sacchi, Salvator Rosa, etc.

7 Danlos 456 Vingt-cinq pièces d'ap. Zurbaran, Raphaël, Paul Véronèse, Parmesan, Signorelli, Del Garbo, Feti, Polidore, et Fac-simile de dessins.

457 Cinq portraits d'ap. Dominiquin, Franceschini, Michel-Ange, Titien et Cosme de Médicis, d'après Vasari. Épreuves avant la lettre. — 2.25
458 Sept pièces d'après le Dominiquin et le Guide. — 2.75
459 Plan de Venise.
460 *Noli me tangere*, d'après Raphaël. — 1
461 Dix pièces dont trois dessins par Julien de Parme. — 1.75
462 Quinze pièces d'après Mantègne, le Guide, Carlo Dolci, etc. — 2.25
463 Quatre pièces d'après le Guide. — 1.75
464 Les Douze Apôtres, d'après Raphaël, gravés par Secondus Bianchi. Douze pièces, un cahier in-fol. — 3 cl.
465 Peintures d'Herculanum. Trois pièces coloriées et encadrées. — 18 cl.
466 Médailles et camées grecs et romains. Cinquante feuilles contenant un grand nombre de médailles et monnaies allemandes, chartes, sceaux, etc. Et deux cahiers de monnaies espagnoles et des Pays-Bas. — 5 cl.
467 **École allemande** du XVe siècle. Les Saintes Femmes, d'ap. Ugo Van der Goes; un Pape, d'ap. Van Eyck; Sainte Agnès, d'ap. Van der Meulen; Vierge et Enfant Jésus, d'après Van Schorel; la présentation au Temple et l'ascension d'un ange vers le Seigneur, deux pièces d'après Israël de Mecken. En tout sept pièces, d'après les tableaux de la collection de Munich. Belles épr. — 12 cl.
468 **École allemande**. Portrait d'Holbein et un Évêque, d'ap. Van Eyck; et Maximilien, d'après Walch. 3 p. — 2.
469 Représentation de la translation du bloc de marbre qui a servi pour la statue équestre et colossale de Pierre le Grand, qui est à Saint-Pétersbourg, gravé par Scheley, d'après Velten. — 1.

— 36 —

470 **Anonyme flamand**. Tête du Sauveur. On lit seulement : *Fr. Huberti excudit Antuerpiæ.*

471 **École flamande et hollandaise.** Vingt-trois pièces diverses.

472 Copie du bon Samaritain de Rembrandt, par Savry. Première épreuve avant le nom. Autre sujet d'après G. Dow et Rembrandt. 7 p.

473 Les quatre Saisons, d'ap. P. Breughel, H. Cook *excud.* 1570. Quatre pièces. Très-belles épreuves.

474 Rubens, Miel, Téniers, etc. 9 p.

474 bis. Huit pièces d'après Rubens, par C. Galle, Pretinet, Van Sompel, etc.

475 Neuf pièces, dont le Vacher de Paul Potter.

476 Par Paul Potter, Fyt, J. Van de Velde, etc. 10 p.

477 D'après Berghem, Dusart, Rubens, Rembrandt, Bega, Metzu, Isaac Ostade, Jordaens, Breughel, etc. 14 p.

478 Seize pièces, gravées par Cabel, Lambert Suavius, Philippe Matham, etc. Vues de Londres.

479 Quinze pièces d'après des tableaux hollandais. Galerie de Le Brun. Epreuves avant la lettre. 15 p.

480 **Portraits français.** Henri IV. *Paul de la Houe ex.* Louis XIII et Anne d'Autriche. 3 p.

481 Louis XIII et Anne d'Autriche. Deux portraits. *N. de Mathoniere excudit.* Belles épreuves.

482 Henri II, Henri III, Henri IV, Louis XIII et Anne d'Autriche, etc. Sept pièces par Rabel, Landry, Moreau, etc.

483 Louis XIII à cheval, le Cardinal de Richelieu, *François Margilly excudit.* Rare. 2 p.

484 Rapin de Thoiras.

485 Le Régent, la Duchesse d'Orléans, Séguier, Ant. Coyzevox, Coypel, Pradier, Le Maistre, etc. 24 p.

— 37 —

486 Maridat par Nanteuil, Denisot, médecin, Philodarnus, cardinal, par Michel Lasne, Bentivoglio, par Mellan, Fr. de Malherbes, par Vorsterman, etc. Sept portraits. *12 Cl.*

487 Marie-Antoinette, Comtesse de la Motte, Marie-Thérèse, Bonaparte, Rosalie Levasseur de l'Académie royale de musique. 7 p. *2.25 Loiselet*

488 Sophie Arnoult, comédienne, et tête de jeune fille. Deux pièces gravées au pointillé. *3.75 Rochoux 6.50 Rocho*

489 Madame de Pompadour, d'après Boucher, gravée en manière noire, avec un fac-similé d'une lettre et un camée gravé d'après Boucher, par Mme de Pompadour. 2 p. *4 Cl.*

490 Palissot, de la Martinière, chirurgien, Riquet de Bon-Repos, Lachalotais, J.-B. Rousseau, Corneille, etc. 17 p. *10.50 Rochoux*

491 Société académique des Enfants d'Apollon, Duport, Dumont, Breval, Piot, Lancez, Berton, Bergasse, Praultz, Godefroy de Villetaneuse, Laruette, Fieux, Treize portraits dessinés par Moreau le jeune et Cochin. *12 Cl.*

492 Portraits de Mirabeau, l'abbé Mauri, etc., et pièces historiques sur la révolution française. 26 p. *2.25 Rochoux*

493 Quatorze portraits de la suite d'Odieuvre, dont six sont avant la lettre. *7*

494 Portraits de la famille des Bourbons, Louis XVI, Louis XVII, Louis XVIII, le comte d'Artois, Madame, les ducs d'Angoulême et de Berry. Quatre-vingt-sept pièces, plusieurs doubles. *6 Bloudin*

495 Princesse Charlotte Napoléon, deux différents portraits lithographiés par Ch. de Chatillon en 1828. Rare. *1.25 P.*

496 **Portraits italiens.** Innocent X, Jules Mazarin, Michel-Ange, etc. 14 p. *2*

2.50 — 497 L'Arioste, Machiavel, Laurent de Médicis, Papes, etc. 14 p.

2.25 — 498 Isabelle d'Est, femme de Fr. de Gonzague, du cabinet Rheinst. La même d'après le Titien, dessiné par Rubens. 2 p.

2.50
Rochoux
— 499 Portraits de papes. Dix pièces, gravées par Gaultier, Firens et les Kilian.
— Benoît XIII et Benoît XIV, papes. Deux pièces par Frey, etc.

4 cl. — 500 Murat (Joachim-Napoléon), roi de Naples, d'après Vicar, par Ricciardini. Isabelle Colbran, cantatrice, gravé par Madrazo. Rome, 1810. 2 p.

6 — 501 Le roi et la reine d'Espagne, Ferdinand VII, par Leroux. Les mêmes, par Pradier. Famille royale d'Espagne. 6 p.

16.50
Guichardot
— 502 **Portraits allemands, flamands, hollandais et anglais.** Les frères de Witt, Frédéric de Nassau, Philippe II.

3 — 503 Juste Lipse, par Th. Galle. Autre portrait dans une bordure historiée. Saint-François Xavier, par Dannoot, etc. Trois portraits, belles épreuves.

6 cl. — 504 Portraits hollandais, par J. Sadeler, Goltzius, Vorsterman, P. de Jode. 17 p.

3.25 — 505 Portraits du comte d'Essex, Robert Dudlei, Jacob Cati, Gessner, Garick, Jean de Hollande, peintre. Seize pièces, par Houbraken.

1 cl. — 506 Stanislas, roi de Pologne, 1769, par mademoiselle Bacciarelli.

1.25 — 507 Albert et Isabelle d'Autriche à cheval. Alexandre Farnèse, duc de Parme, aussi à cheval. 2 p.

3.75
Loiselet
— 508 Philippe II, Philippe III et Marguerite, sa femme, rois et reine d'Espagne. Trois pièces avec *Paul de la Houe*. Plus Philippe III, par L. Kilian.

509 Charles-Quint; Jacques, roi d'Angleterre; Marie, femme de Ferdinand III, et autres personnages allemands, gravés par Dom. Custodis et les Kilian. Neuf portraits. — 2.75

510 Frédéric, roi de Bohême, sa Femme et ses cinq enfants. Rare. — 6.50 Cl.

511 Louis de Brunswick et de Lunéville, par C. Lauwers; Louis, marquis de Brandebourg; John Ereskin, comte de Marr, par Vandrebane. Portrait de femme par Hainzelman. Epreuve avant la lettre. Quatre portraits. — 2 Perrot

512 Anne d'Autriche, d'après Champagne, la belle Hamilton, d'après Lely, de la collection Hamptoncourt. La reine des Belges, etc. Quatre portraits avant la lettre, papier de Chine. — 2.50

513 Cinq portraits de Théologiens et Pasteur Hollandais, gravés par de Jonghe, Darrot, Matham, etc. Deux sont avant la lettre. — 5 Loiselet

514 Zacharie de Metz, évêque; Emmanuel Sueiro d'ap. Rubens; J. Lipse; Claude Verbi, par Van Somer; Albert d'Autriche. Sept portraits. — 6.50 Rochoux

515 Ruyter, amiral; Gaspard, comte de Coligny; Charles d'Autriche, infant d'Espagne; Fabricius de Peirèse; Van Oort et P. Ponciau, peintres. Neuf portraits, belles épreuves. — 2.75 Loiselet

516 Buckingham; Charlotte, reine d'Angleterre, née en 1744, et portrait de femme dessiné et gravé par Hone, en 1748. 3 p. — 2 Cl.

517 François, empereur d'Allemagne, 1748, d'après Ferretti, par Grégory. — 1

518 George II, roi d'Angleterre, gravé en manière noire. Epr. avant la lettre. — 3 Cl.

1.50   519 James Ier; Shakespeare; Chaucer; Dryden; Johnson; Garrick; Boydell. Huit portraits.

520 Edward, comte de Clarendon, chancelier d'Angleterre et de l'Université d'Oxford. 1667.

1   521 Alexandre Ier, Empereur de Russie. 2 épr.

SUITE DE

VIGNETTES

Pour des Ouvrages Français.

4.25 Rochoux   522 **Bernardin de Saint-Pierre.** Six vignettes et le portrait, d'apr. Prud'hon, Girodet, etc. Epr. avant la lettre.

14 Sieurin   523 **Bernardin de Saint-Pierre.** Seize vignettes d'après Prud'hon, Girodet et Desenne. Epr. avant la lettre, et cinq vignettes anglaises, épr. avant la lettre, papier de Chine.

2.75   524 **Béranger.** Ses chansons. 8 livraisons.

10.50   525 **Cervantes.** Dix-huit vignettes pour Don Quichotte et les Pèlerins du Nord. Epr. avant la lettre, tirées in-fol.

1.75   526 **Crébillon.** Dix vignettes d'après Moreau le jeune. Sept vignettes, d'après Deveria, épr. avant la lettre.

5.50 Sury   527 **Gilblas.** Vingt-cinq vignettes d'après Monnet, épr. avant la lettre.

2.25   528 **Gilblas.** Vingt-quatre vignettes d'après Deveria, épr. avant la lettre. Chine.

529 **Gresset**. Six vignettes d'après Mariller. Neuf vignettes d'après Deveria. — *1*

530 **La Fontaine**. Quatorze portraits, La Bruyère, 2 p. Voltaire. 2 p. Bacon, 5 p. 23 pièces. — *1*

531 **La Fontaine**. Suite de treize vignettes pour les contes, compris le portrait d'après Deveria, épr. avant la lettre. Chine. — *1.50*

532 **La Fontaine**. Vingt-cinq vignettes pour les contes, d'après Moreau le jeune et le portrait. — *3.75*

533 **La Fontaine**. Dix vignettes et le portrait, d'ap. Desenne, épr. avant la lettre, papier de Chine. — *2.25*

534 **La Fontaine**. Vingt vignettes pour les fables, d'ap. Desenne, épr. avant la lettre. — *5*

535 **Milton**. Dix vignettes d'apr. Corbould. — *1.75 Savy*

536 **Molière**. Seize vignettes, d'après Horace Vernet et le portrait, épr. avant la lettre. — *9 Sieurin*

537 **Racine**. Cinquante-sept vignettes pour ses œuvres, d'après Prud'hon, Gérard, Girodet, etc. — *9.50*

538 **Rousseau**. Dix-neuf vignettes pour ses œuvres, d'après Desenne, épr. avant la lettre. — *11 Sieurin*

539 **Sévigné** (Mme de). Trente vignettes. Vues et portraits pour ses œuvres. — *6*

540 **Télémaque**. Vingt-six vignettes, d'après Moreau le jeune. — *3.50*

541 **Télémaque**. Vingt-cinq vignettes, compris le portrait de Fénelon. Épr. avant la lettre. Chine. — *1.25*

542 **Voltaire**. Suite complète de vignettes et portraits pour ses œuvres. Cent quatorze vignettes d'après les dessins de Moreau le jeune, et quarante-cinq portraits dessinés et gravés par de Saint-Aubin, en tout 159 p. — *24 Rochoux*

543 Vignettes pour Lord- des Isles de Walter Scott, Paysages pour les nouvelles de Waverley. Vignettes pour une Imitation de Jésus-Christ. Sept cahiers.

544 Quarante-neuf vignettes pour es œuvres de La Fontaine, Rousseau, Racine, etc., d'après Moreau et autres.

545 Cinquante-huit pièces, vignettes, gravées d'après des tableaux anciens et modernes de toutes les écoles.

546 Vignettes pour les Pèlerins du Nord, la Chaumière Indienne, Paul et Virginie, etc. Vingt-deux vignettes d'après Desenne, etc. Épreuves avant la lettre, papier de Chine.

547 Psyché de La Fontaine, neuf vignettes; Boileau, sept vignettes et portrait; la Nouvelle Héloïse, six vignettes; Imitation de Jésus-Christ, vingt-deux vignettes d'ap. Moreau le jeune et autres.

548 Vignettes pour la Jérusalem délivrée, dix pièces d'après Collin; trois p. d'ap. Desenne; pour Anacharsis, 7 p.; pour Paul et Virginie, 5 p.; pour les Méditations de Lamartine, 4 p.

549 Neuf vignettes d'après Gravelot, Eisen et autres.

550 Trois jolies vignettes d'ap. Eisen, Moreau le jeune et Le Prince.

551 Suite de quatorze vignettes in-4º, pour le roman de Daphnis et Chloé, et la fable de l'Amour et Psyché. Trois sont d'après Prud'hon, les autres d'ap. Gérard. Épreuves avant la lettre.

DESSINS

552 **Audran** (Gérard). Deux figures allégoriques, dessin à la sanguine, avec la gravure de G. Audran. — 1.50

553 **Bandinelli** (Baccio). Étude du corps humain et de petites figures, dessin au bistre, au recto et au verso. — 5 cl.

554 **Bega**, Un joueur de violon, dessin au crayon. — 1.25

555 **Bidault**. Vue d'Italie, dessin au bistre.

556 **Blomen** (Van). Maréchal-ferrant, dessin lavé à l'encre. — 3. cl.

557 **Bol** (Jean), 1584. Saint-Jean écrivant l'Apocalypse, dessin au bistre.

558 **Bol** (Jean). Sujets de l'Ancien Testament, deux dessins à la plume, ils sont encadrés. — 14 cl.

559 **Bolognèse** (Grimaldi dit le). Dessin à la plume et au bistre. Repos en Égypte, paysage. — 1 cl.

560 **Brand**. Figures et animaux, d'après K. Dujardin, dessin très-terminé à l'encre et au bistre. — 1

561 **Brauer**. Figure flamande, deux dessins à la sanguine. — 1.75

562 **Calendrini**. Deux têtes dont une d'un évêque, deux dessins à plusieurs crayons. — 1.50

563 **Campi de Crémone**. Têtes au crayon ; autres études de têtes par Camassis et Pellegrino. Trois dessins.

— 44 —

564 **Carrache** (Annibal). Paysage, dessin à la plume. *2 Cl.*

565 **Cortonne** (Piètre de). Sujet de l'Écriture sainte, dessin au bistre. *2.50 Cl.*

566 **Collet**. Innocence et Amour, dessin très-terminé au crayon noir, avec la gravure par Pillement. *3 Cl.*

567 **Coypel** (Ch.). Mercure et Apollon; Baptême de Saint Jean, par Hallé; deux dessins au crayon noir, sur papier bleu. *1 Burthy*

568 **Dieu** (Antoine), 1744. Trois dessins. Batailles. *2.50*

569 **Dujardin** (Carle). Monuments de Rome, dessin lavé à l'encre. *2 Cl.*

570 **Forster** (M. Fr.), 1816. Le Maréchal Marmont, duc de Raguse; le Maréchal Suchet, duc d'Abulfera, par H. Laurent; deux dessins très-terminés au crayon noir. *24 Cl.*

571 **Gigante**. Vue de Sicile, dessin au bistre du Cabinet Denon. *2*

572 **Gillot**. Petites figures, dessin à la sanguine; il est gravé. *4.50 Cl.*

573 **Guerout du Pas**. Une Marine, dessin sur vélin, un cartouche à la gouache. *5 Cl.*

574 **Guardi**. Etudes de figures à la plume, au bistre et à la sanguine; 8 dessins. *3.25*

575 **Huber**. Etudes lavées à l'encre, à l'imitation de Boissieu; deux dessins aquarelles, par Wartel. *4.75*

576 **Isabey**. Fragonard fils revenant de la chasse. Dessin au bistre. *3.50*

577 **Livens**. Vue d'une ville sur le bord d'une rivière. Dessin au bistre. *4 Cl.*

578 **Natoire**. Une naïade. Dessin au crayon sur papier bleu. *3.25*

579 **Rembrandt**. Jésus dans la barque. Dessin au bistre. — *5 cl.*

580 **Rembrandt**. Jésus et la Magdeleine; Betsabé au bain et sujet de Mardoche. Trois dessins à la plume et au bistre. — *5 cl.*

581 **Ribera** (Joseph), dit l'Espagnolet. Saint Sébastien. Dessin à la plume. — *1.50*

582 **Saint-Aubin** (Augustin de). Deux dessins au crayon. — *8.50 Malinet*

583 **Sevin**, miniaturiste. Mausolée du pape Alexandre VII. Élévation en perspective du feu d'artifice élevé sur le bord du bassin des Tuileries, en l'année 1722, pour la fête de Louis XV. Deux dessins. — *2*

584 **Silvestre** (François). Les Chasseurs. Dessin à la plume et la gravure par Silvestre. — *2.75 Rochoux*

585 **Thenot**, 1837. Étude de paysage. Dessin lavé au bistre. — *1.50*

586 **Tempeste**. Procession du pape. Dessin à la plume, lavé à l'encre. — *2.50*

587 **Troswick**. Animaux et bergers. Dessin au crayon noir sur vélin. — *2 cl.*

588 **Velde** (Jean Van). Paysage avec animaux en marche. Dessin colorié avec la gravure. — *4 cl.*

589 **Velde** (Guillaume Van de). Marine. Deux dessins au crayon et lavés. — *2 cl.*

590 **Verschuring**. Un paysan tenant un cheval; au verso, un portique à colonnes. Deux dessins à la plume et lavés. — *1.75*

591 **Vitringa**. Marines. Deux dessins coloriés.

592 **Waterloo**. Vue des bords d'un canal hollandais. Dessin au crayon et lavé.

— 46 —

16 cl. 593 **Watteau** (Ant.) Deux études à plusieurs crayons.

2 594 **Witt** (de). Quatre enfants. Dessin au bistre.

8 595 **École italienne.** Croquis à la plume de petites figures attribuées à Mantegne, et croquis d'ornement. Trois dessins.

3.25 cl. 596 **École d'Italie.** Six dessins par Franco, Cantarini, Tempeste, etc.

8 cl. 597 **École française.** Alexandre chez Apelle. Dessin à la plume et lavé, sur vélin, attribué au Poussin.

598 — Deux dessins par Bernard Picart, Armoirie d'un cardinal, Joute sur la Seine en face le Louvre, et un Portrait de femme, par Pujos. Cinq dessins.

599 — Les articles omis.

600 — Des Portefeuilles.

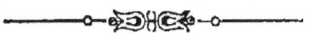

Renou et Maulde, imprimeurs de la Compagnie des Commissaires-Priseurs, rue de Rivoli, 144.

(2)

www.ingramcontent.com/pod-product-compliance
Lightning Source LLC
Chambersburg PA
CBHW050026230526
45470CB00003B/1156